SPANK
www.spankpublishing.com